지은이 김주경

대학에서 디자인을 공부했지만, 이야기를 상상하며 그림 그리는 게 좋아서 그림책 작가가 되었습니다. 그린 책으로 『폭탄머리 아저씨와 이상한 약국』, 『101가지 책 사용법』, 『어느 날 가족이 되었습니다』, 『날아라, 삑삑아!』, 『고구려 평양성의 막강 삼총사』, 『콩 한 알과 송아지』, 『책 고치는 할아버지』, 『외치고 뛰고 그리고 써라–탐사 보도의 개척자, 넬리 블라이』 등이 있고, 쓰고 그린 책으로는 『누구게?』와 『또 누굴까?』가 있습니다.

엎드려 관찰하고 자세히 그렸어요
곤충을 사랑한 화가, 마리아 메리안

1판 1쇄 발행 2020년 5월 20일 **1판 2쇄 발행** 2020년 10월 20일
지은이 김주경 **펴낸이** 남영하
편집 이신아 장미연 **디자인** 박규리 **마케팅** 김영호
종이 세종페이퍼 **인쇄** 더블비 **제본** 신안문화사
펴낸곳 ㈜씨드북 **등록** 제2012-000402호
주소 03149 서울시 종로구 인사동7길 33 남도빌딩 3F
전화 02) 739-1666 **팩스** 0303) 0947-4884
홈페이지 www.seedbook.co.kr **전자우편** seedbook009@naver.com
인스타그램 instagram.com/seedbook_publisher
페이스북 facebook.com/seedbook.kr
ISBN 979-11-6051-317-2 (77800)
세트 979-11-6051-276-2
글·그림 ⓒ 김주경 2020

이 책은 저작권법에 따라 보호받는 저작물이므로 무단 전재와 무단 복제를 금지하며,
이 책 내용의 전부 또는 일부를 이용하려면 반드시 저작권자와 ㈜씨드북의 서면 동의를 받아야 합니다.
책값은 뒤표지에 있습니다. 잘못 만들어진 책은 구입하신 서점에서 바꾸어 드립니다.

이 도서의 국립중앙도서관 출판예정도서목록(CIP)은 서지정보유통지원시스템 홈페이지(http://seoji.nl.go.kr)와
국가자료공동목록시스템(http://www.nl.go.kr/kolisnet)에서 이용하실 수 있습니다. (CIP제어번호: CIP2020014874)

제품명: 엎드려 관찰하고 자세히 그렸어요 **제조자명:** ㈜씨드북
주소: 03149 서울시 종로구 인사동7길 33 남도빌딩 3F **전화번호:** 02-739-1666
제조국명: 대한민국 **제조년월:** 2020년 10월 **사용연령:** 6세 이상
KC마크는 이 제품이 공통안전기준에 적합하였음을 의미합니다.
⚠ 주의: 종이에 베이지 않게 주의하세요.

SEED MAUM
㈜씨드북의 뉴스레터 SEED MAUM을 구독하시면 다양한 신간 정보와
독자 여러분을 위해 준비한 특별한 콘텐츠들을 받아 보실 수 있으며,
구독자만을 위한 각종 이벤트에도 참여하실 수 있습니다.
http://bit.ly/2jF0Jlv

엎드려 관찰하고 자세히 그렸어요

곤충을 사랑한 화가, 마리아 메리안

김주경 지음

씨드북

메리안은 여덟 번째 아이로 태어났어요.
메리안이 4살 때 아빠가 돌아가시고, 엄마가 재혼한 후엔
아무도 메리안에게 관심이 없었어요.

메리안은 땅을 보며 걷는 일이 많았어요.
외로운 메리안의 눈에 처음엔 꽃이 보였어요.

수레국화, 장미, 아이리스,
화려한 꽃을 들여다보니

그 위에 꿈틀거리는 애벌레와 물방울 같은 알이 보였어요.
그 순간 메리안의 눈이 반짝였어요.

메리안은 온종일 애벌레나 풍뎅이, 잠자리를 관찰했어요.
아무도 이런 메리안을 좋아하지 않았어요.
메리안이 살던 시대 사람들은 마녀가 악마의 비법으로 벌레를 만든다고 생각했거든요.

메리안은 하루 종일 꽃과 벌레들로 가득한 세상을 누비고 다니느라 다른 일에는 관심이 없었어요.

하늘이 붉어질 때면 나비 한 쌍과 무당벌레, 거미를 주머니에 넣고
메리안은 몰래 집으로 들어왔어요.
여덟 시엔 잠자리에 들어야 했거든요.
엄마가 방에 들어와 잠든 메리안을 보고 나가면,
메리안은 몰래 일어나 다락방으로 가서 주머니 속 벌레들을 꺼내서 그렸어요.

어느 날 메리안은 루이트머 백작의 정원에 핀 튤립을 보고는 몰래 가져오고 말았어요.
처음 보는 화려한 꽃을 그리고 싶었거든요.
이 사실을 알게 된 새아빠 마렐은 메리안을 데리고
루이트머 백작에게 용서를 구하러 갔어요.
옛날엔 튤립이 아주아주 비싼 꽃이었으니까요.
처음엔 화를 내던 백작은 메리안의 그림 실력을 보고 용서해 주었어요.
마렐은 메리안의 재능을 알아보고 그림을 배울 수 있게 도와주었어요.

엄마는 메리안이 벌레를 좋아하는 게 싫었어요.
그림을 그리는 것도 싫었고요.
'다른 여자아이들처럼 인형 놀이를 하면 얼마나 좋을까?
그림 대신 자수를 놓으면 얼마나 예쁠까?'
엄마는 생각했어요.

13살이 된 메리안은 누에알과 뽕잎을 얻어 와 키우기로 했어요.
메리안은 고치에서 나오는 나방을 직접 확인하고 싶었어요.
40일 동안 누에의 변태를 지켜보며 하나하나 그림으로 기록한 메리안은
평생 하고 싶은 일이 생겼어요.
사람들에게 이 변화가 얼마나 아름다운지 알려 주는 일이에요.

메리안은 이제 막 알에서 깨어난 것 같았어요.

메리안은 더 많은 시간을 다락방에서 보냈어요.
사람들이 생각하는 작고 더러운 벌레가
얼마나 아름다운 생명인지 보여 주려면
더 많은 표본과 그림이 필요했거든요.

쉬지 않고 그림을 그렸던 메리안은
열심히 먹고 점점 살찌는 애벌레가 된 것 같았어요.
다락방의 어둠이 무섭지도 않았어요.
불빛에 나비 그림자가 일렁이는 모습이 너무나 아름다웠어요.

메리안은 오랜 시간 그린 그림들을 엮어서 곤충 그림책을 만들었어요.
알, 애벌레, 번데기와 아름다운 날개를 단 나비의 모습을 한 장의 그림에 담았어요.
벌레들이 소곤소곤 자기들의 이야기를 해 주는 것 같았어요.
사람들은 그림을 보고 미소 지었어요.

메리안은 한동안 이국의 나비 표본들과 꽃들로 가득한 수도원에 머물렀어요.
메리안은 화려한 나비들을 보며 또다시 깊은 사랑에 빠졌어요.

메리안은 알고 있었어요.
이제 고치 속으로 들어갈 때라는 걸요.
날아오르기 위해서는 숨 고르는 시간이 필요하다는 걸요.

메리안은 53살이 되었을 때 남아메리카의 수리남으로 떠났어요.
뜨거운 태양이 지배하는 곳으로 석 달이나 배를 타고 가야 했지만,
두근거리는 마음은 좀처럼 가라앉지 않았어요.

수리남에는 한 번도 맡아 본 적 없는 화려한 꽃의 내음과
달큰한 과일 향기가 가득했어요.
색색의 나비들, 새를 잡아먹는 커다란 거미, 개구리, 도마뱀, 악어까지
상상할 수 없는 것들이 온통 널려 있었어요.

2년 후 메리안은 열병에 걸려 암스테르담으로 돌아와야 했어요.
하지만 쉬지 않고 그동안 모은 표본들과 기록들을 정리하고 그림을 그려서
3년 만에 『수리남 곤충의 변태』라는 아무도 흉내 낼 수 없는 책을 만들었어요.
사람들은 메리안의 그림을 보고 놀랐어요.

사람들은 여러 나비에게 메리안의 이름을 붙여 주었어요.
메리안은 드디어 허물을 벗고 나비가 되었어요.

마리아 지빌라 메리안
Maria Sibylla Merian (1647~1717)

오늘날 곤충들의 일생을 보여 주는 양식을 처음 세상에 내놓은 사람은 곤충학자이며 화가인 마리아 지빌라 메리안이에요. 메리안의 아버지는 유명한 동판화가이자 출판업자인 마테우스 메리안으로 요한나 지빌라 하임과 재혼하여 1647년에 프랑크푸르트에서 메리안을 낳았어요. 그러나 나이가 많았던 마테우스는 메리안이 4살이 되었을 때 세상을 떠났어요. 1년 뒤에 어머니 요한나 지빌라 하임이 네덜란드 정물화가 야코프 마렐과 재혼하면서 낯선 환경에 적응해야 했던 메리안은 꽃과 벌레들을 관찰하며 외로운 시간을 보냈어요.

하지만 메리안은 새아버지 마렐 덕분에 많은 책들과 꽃 그림에 눈뜨게 되었고, 그림을 정식으로 배워 자신이 관찰한 꽃과 곤충들을 멋지게 그려 낼 수 있었어요. 13살이 된 메리안은 누에알을 구해 와 알, 애벌레, 번데기 그리고 나방으로 변태하는 놀라운 과정을 직접 관찰하고 그림으로 기록하면서, 평생 자신이 하고 싶은 일이 무엇인지 깨달았어요. 사람들이 징그럽다고 생각했던 애벌레가 멋진 날개를 가진 나비로 변신하는 모습을 자세히 본다면 모두 곤충들을 좋아하게 될 거라고 생각했어요.

건축화가 그라프와 결혼한 후에도 메리안은 생계를 책임지면서 끊임없이 곤충을 관찰, 채집하고 표본을 만들며 그림을 그렸어요. 아무리 힘들어도 좋아하는 일을 멈출 수 없었던 거예요. 곤충 그림책을 출간한 후 메리안은 남편 그라프와 따로 떨어져 5년 동안 수도원에서 지내기로 했어요. 많은 책을 읽고 먼 나라에서 온 곤충 표본과 식물들을 보면서 메리안은 나비가 되어 하늘 높이 날아오르기 위해 허물 속에서 기다리는 시간이 필요하다고 생각했어요.

53살이 된 메리안은 둘째 딸 도로테아와 석 달이나 걸리는 긴 항해 끝에 수리남에 도착했어요. 뜨거운 열기 속에서 화려한 열대의 꽃과 벌레들, 그리고 도마뱀과 개구리, 뱀, 악어까지 관찰하고 그리면서 살아 있음을 느꼈어요. 화려한 날개를 한 나비가 되어 자유롭게 세상을 누비고 싶었어요. 그러나 말라리아에 걸린 메리안은 2년 만에 수리남을 떠나야 했어요. 암스테르담으로 돌아온 메리안은 약해진 몸으로 3년 동안 작업하여 1705년에 『수리남 곤충의 변태』를 출간했어요. 이 책은 많은 사람을 놀라게 했고, 오랫동안 사랑 받아 6종의 식물과 9종의 나비, 2종의 풍뎅이가 메리안의 이름으로 불리게 되었어요.

멋진 곤충학자이자 생태학자이며 화가인 메리안은 여성이라는 이유로, 전문 교육을 받지 않았다는 이유로 잘 알려지지 않았지요. 약 400년 전에 곤충을 좋아했던 소녀가 위험을 무릅쓰고 우리에게 얼마나 많은 것을 알려 주었는지 이제야 비로소 알게 된 거예요.

마리아 메리안의 생애

1647년	4월 2일, 프랑크푸르트에서 태어났어요.
1650년	친아버지 마테우스가 세상을 떠났어요.
1651년	어머니 요한나가 정물화가 마렐과 재혼했어요.
1665년	그라프와 결혼했어요.
1668년	첫째 딸 헬레나를 낳았어요.
1670년	가족과 뉘른베르크로 이주했어요.
1675년	첫 번째 작품집 『새로운 화첩』을 출간했어요.
1678년	둘째 딸 도로테아를 낳았어요.
1679년	곤충의 변태를 소재로 한 곤충 그림책 『애벌레의 경이로운 변태와 그 특별한 식탁』을 출간했어요.
1681년	새아버지가 세상을 떠났어요.
1685년	어머니와 두 딸과 함께 발타성으로 이주했어요.
1690년	어머니가 세상을 떠났어요.
1692년	남편과의 결혼 생활을 마무리했어요.
1699년	둘째 딸과 수리남으로 떠났어요.
1701년	말라리아에 걸려 암스테르담으로 돌아왔어요.
1705년	수리남에 사는 곤충을 그려서 엮은 『수리남 곤충의 변태』를 출간했어요.
1717년	1월 13일, 암스테르담에서 세상을 떠났어요.

편견의 벽을 시원하게 뚫어 버린 여성들
바위를 뚫는 물방울 시리즈 1~12

1. 말랄라
여자아이도 학교에 갈 권리가 있어요!
라파엘 프리에 글 | 오렐리아 프롱티 그림
권지현 옮김 | 값 13,000원

4. 제인 오스틴
평범한 세상을 남다르게 담아냈어요
데보라 홉킨슨 글 | 친 렁 그림
길상효 옮김 | 값 12,000원

2. 에이다
엉뚱한 상상이 컴퓨터 프로그램을 만들었어요!
피오나 로빈슨 지음 | 권지현 옮김
값 12,000원

5. 세상은 네모가 아니에요
자하 하디드
지넷 윈터 지음 | 전숙희 옮김
값 12,000원

3. 거미 엄마, 마망
루이스 부르주아
에이미 노브스키 글 | 이자벨 아르스노 그림
길상효 옮김 | 값 12,000원

6. 한 권의 책으로 세상을 바꾸었어요
『앵무새 죽이기』의 하퍼 리
베서니 헤게더스 글 | 에린 맥과이어 그림
권지현 옮김 | 값 12,000원

7. 점동아, 어디 가니?
당나귀 타고 달린 한국의 첫 여의사 김점동

길상효 글 | 이형진 그림
값 13,000원

10. 펜으로 만든 괴물
메리 셸리는 어떻게 프랑켄슈타인을 만들었을까요?

린 풀턴 글 | 펠리시타 살라 그림
권지현 옮김 | 값 12,000원

8. 동물학자 템플 그랜딘
생각이 사진처럼 찰칵찰칵!

줄리아 핀리 모스카 글 | 대니얼 리얼리 그림
길상효 옮김 | 값 12,000원

11. 외치고 뛰고 그리고 써라!
탐사 보도의 개척자, 넬리 블라이

이선주 글 | 김주경 그림
값 12,000원

9. 눈만 뜨면 눈 걱정
안과 의사 패트리샤 배스

줄리아 핀리 모스카 글 | 대니얼 리얼리 그림
길상효 옮김 | 값 12,000원

12. 시골은 시골로 남겨 둬야 해
자연을 그리고 가꾸고 지켜 낸 베아트릭스 포터

린다 에볼비츠 마셜 글 | 일라리아 우르비나티 그림
길상효 옮김 | 값 12,000원